Ostersegen

Aufstehen
zum Leben

Oster-Wunder

Ich fühle
die Auferstehung
atme jeden Morgen das Licht vom ersten Licht
entreiße das Leben der Dunkelheit
ein Lied von der nimmermüden Sorte
in den Ohren auf den Lippen im Herzen

es kommt von tief innen
es ist ein Wunder

Cornelia Elke Schray

Auferstehung

Solange ich Raupe bin
weiß ich nur vom Sterben
als Schmetterling aber
werde ich Auferstehung leben

Maria Sassin

Auferstehung

einmal Halleluja spüren
bis in die Blutbahn
mit allen Sinnen
durch und durch

ohne wenn und aber
ohne vielleicht und wer weiß

einmal Halleluja leben
im Grau des Alltags
überraschend überwältigt
durch und durch

ohne Kompromisse
ohne Erklärungen und Verstehen

einmal dein Halleluja
durchgedrungen
bis zu meinem seufzenden
Ach

Petra Stadtfeld

Aufstehen ...

... aus meiner Zerbrochenheit, meinem Dunkel. Gottes Liebe umgibt mich und führt mich der Auferstehung entgegen. Aber wie zeigt sich Auferstehung? Vielleicht, wenn mitten im Leben ein Stück Himmel aufblitzt ... wenn mich ein Mensch umarmt, ein Stern am Himmel steht, die Wildgänse nach Norden ziehen ... Momente, in denen ich mich berühren und bewegen lasse. Dann lasse ich los, was mich festhält. Ich werfe ab, was mich duckt und klein macht. Auferstehung ist nicht damals und dort – sie ist hier und jetzt. Auferstehung meint nicht irgendjemand – sondern mich. Es ist meine Entscheidung.

Andrea Schwarz

Scherben

Als Kind habe ich Scherben geliebt, farbige Scherben. Sie fielen aus den Fenstern unserer alten Kirche. Ich sammelte sie, klebte daraus Mosaiken, hielt sie mir vor Augen und genoss es. Wie anders die Welt war hinter dem bunten Glas!

Heute, wenn das Grau überhandnimmt, stell ich mir vor, durch tiefdunkles Blau zu sehen oder durch Goldgelb oder durch Violett oder Rot oder Grün …

Welch ein Genuss, den Blick zu verändern, die Perspektive zu wechseln, Vertrautes ganz neu zu sehen. Welche eine Freude, durch Scherben zu schauen, die immer ein Ganzes ergeben.

Doris Bewernitz

Heil heißt nicht unbedingt, dass das Zer-
brochene wieder ganz wird. Heil lässt aus
Bruchstücken Neues entstehen, in dem
das Leben anders als vorher schimmert.

Tina Willms

Leuchtendes Osterfest

Möge das Licht der Ostersonne
leuchtend strahlen über dir.
Möge dein Herz das Feuer der Liebe spüren
und sich mit Lebensglut wärmen.

Mögen deine Füße aufstehen,
wenn Leid dein Leben lähmt.
Mögen deine Augen
Güte und Barmherzigkeit sehen,
überreich für alle Geschöpfe.
Mögen deine Ohren die Stimme hören,
die ruft: Ich will, dass du lebst.

Das schenke dir Gott,
der dein Licht ist
am Tag und in der Nacht,
der dein Leben liebt
über alle Maßen.

Nach einem keltischen Segen

Osterlichtsegen

Möge das Licht der
Auferstehungssonne
unsrem Dunkel
heimleuchten

Mögen die Risse und Brüche
unsere Lebens
es einlassen
es durchscheinen lassen
in ihm verwandelt werden

Mögen uns die Augen
des Herzens aufgehen
für seine Gegenwart
in uns
durch uns
unter uns

und unsere Arme
sich weit
öffnen
zu empfangen
und weiterzugeben

Katja Süß

Ostern

Manchmal wachen wir auf
mitten am Tag
wie aus einem bösen Traum
und sehen, was ist,
klar, überhell.

Manchmal wachen wir auf
und verstehen nicht mehr,
was uns verängstigt und erschreckt hat.
Wir lassen los,
die Sonne scheint hell.

Einmal wachen wir auf
und fühlen uns lebendig,
als wäre es das erste Mal.
Wir öffnen die Augen und staunen:
Wir leben im Licht.

Katharina Seibert